UNE FASCINATION

ou

L'AMOUR EN LIVRÉE,

VAUDEVILLE EN UN ACTE.

Par M. ANICET BOURGEOIS,

Représenté pour la première fois sur le Théâtre du Panthéon, le 3 octobre 1836.

PARIS,

AU MAGASIN THÉATRAL,

Boulevart St-Martin, 12.

—

1836.

Personnages. Acteurs.

MIGNARD DE LA FOLLOTTE, père.	MM. ERNEST.
MIGNARD DE LA FOLLOTTE, fils.	CONSTANT.
SALGEOT.	KLOPP.
JEAN, domestique de Mignard fils.	PELVILAIN.
Mme SALGEOT.	Mmes ÉGLÉ.
MADELON, paysanne au service de Mme Salgeot.	HERFORT.

La scène se passe à la campagne.

UNE FASCINATION

OU

L'AMOUR EN LIVRÉE,

VAUDEVILLE EN UN ACTE.

Une salle basse donnant sur un jardin ; à gauche, l'appartement de Mme Salgeot ; vis-à-vis, la chambre des domestiques.

SCÈNE I.

MADELON, *traînant d'une main une botte de paille et de l'autre une botte de foin.*

Eh bien ! qu'est-ce qu'il fait donc? Comment? il n'est pas levé à neuf heures? un domestique tout nouveau arrivé... d'hier... ça promet... Ah ça! voyez donc si c'est qu'il bougera?.. (*Donnant des coups de sabots dans la porte de la chambre.*) Ohé ! Bourguignon ! Bourguignon ! ohé ! réveillez-vous donc, Bourguignon !

SCÈNE II.

MIGNARD FILS, *un foulard très-élégant sur la tête, avec une chemise à jabot. Il étend les bras et bâille en entrant.* MADELON.

MIGNARD.

Hein !.. quoi ?.. qu'est-ce ?..

MADELON, *regardant.*

Oh ! comme il est emmitouflé !..

MIGNARD.

Pourquoi donc m'éveiller si matin?

MADELON.

Tiens ! il appelle ça matin; mais il est neuf heures.

MIGNARD, *se frottant les yeux.*

Neuf heures !.. S'il n'est que cela... je vas me recoucher.

MADELON.

Comment, vous recoucher? Ah! ça, mais quoi donc que vous avez, Bourguignon?

MIGNARD.

Plaît-il, Bourguignon?... (*A part.*) Ah! c'est juste, je n'y étais plus... (*Haut.*) Je rêvais encore, je rêvais tout haut.

MADELON.

Bah! vraiment? est-ce que, par hasard, vous seriez solnambule?

MIGNARD.

Somnambule?

MADELON.

C'est que ça se trouverait joliment bien, parce que, voyez-vous, Mme Salgeot raffole des somnambules.

MIGNARD.

Qu'est-ce que tu dis?

MADELON.

Je dis que si elle pouvait vous prendre pour sa victime, au lieu de moi, que ça me ferait bien plaisir.

MIGNARD.

Comment, sa victime! Ah! ça, qu'est-ce qu'elle te fait donc?

MADELON, *faisant jouer ses mains comme quelqu'un qui magnétise.*

Elle me fait comme ça... et puis, comme ça!.. que ça m'agace comme tout, que j'en grince les dents, comme si j'avais mangé des pommes vertes toute la journée... Elle fait des expériences... à ce qu'elle dit... j'aime autant qu'elle les fasse sur vous... d'autant que vous avez une tête à ça, d'ailleurs.

MIGNARD.

Tiens! tiens!.. mais c'est du magnétisme animal... pas autre chose.

MADELON.

Du magnétisme !.. voilà un drôle de nom... Enfin, c'est égal, comme vous êtes entré ici pour tout faire...

MIGNARD.

Pour tout faire, oui... c'est vrai; mais tu m'aideras bien un peu... car enfin, tu es de la maison aussi.

MADELON.

Ah ! du tout... je sommes femme de chambre... je ne devons m'occuper que de madame... et j'ai déjà assez de besogne... faut que je la coiffe... que je l'habille... que je lui mette son corset... que ça n'en finit plus.

MIGNARD.

Eh bien ! écoute, Madelon, il y a manière de s'arranger ; je ferai ta besogne, tu feras la mienne.

MADELON.

Ah ! bien, en voilà une bêtise !..

MIGNARD.

Pas du tout... tu ne me connais pas, ma chère.

AIR : *Je sais attacher des rubans.*

Ne doute pas de mon savoir ;
Si tu connaissais mon adresse.
Va, je puis remplir ce devoir.
Laisse-moi servir ta maîtresse.

MADELON.

Qu'en palfrenier original,
Qui veut se faire habilleuse de dame !

MIGNARD.

C'est qu'si je sais étriller un cheval,
Je sais mieux lacer une femme.

MADELON.

Voilà une drôle d'éducation tout de même qu'on vous a donnée là ; mais, c'est pas ici que vous la finirez, mon gaillard. C'est vrai, c'est qu'il est farceur, avec sa mine de carême... on m'a toujours bien dit qu'il n'y avait rien pis que les secs... tenez, prenez-moi ça.

MIGNARD.

Ça!...

MADELON.

Eh! bien, oui, ça... est-ce que vous ne voyez pas ce que c'est?

MIGNARD.

C'est une botte de paille et une botte de foin.

MADELON.

Prenez, c'est pour le déjeuner...

MIGNARD.

Comment pour le déjeuner?

MADELON.

Oui, c'est pour la grise... la jument rouge de madame... prenez aussi cette petite casserole... en passant devant la cuisine vous la mettrez sur le feu.

MIGNARD.

Pourquoi est-ce faire ça?

MADELON.

C'est pour faire de la bouillie.

MIGNARD.

De la bouillie pour les...

MADELON.

Pour le petit de madame.

MIGNARD.

Comment, elle a un enfant... ah! ça, elle n'en a qu'un, au moins?...

MADELON.

Oui... oui... parce que les autres sont morts... c'est que, voyez-vous, M. Salgeot est un compère qui...

MIGNARD.

Et elle a encore son mari? (*A part.*) Moi qui la croyais veuve!.. je la voulais absolument veuve... si je l'avais su!..

MADELON.

Ah! tranquillisez-vous... il est si peu ici, son mari, que ça ne vous chargera pas d'ouvrage... il est presque toute l'année à sa garnison.

MIGNARD.

C'est un militaire ?

MADELON.

Et un crâne de militaire.

MIGNARD.

Heureusement qu'il est presque toujours absent.

MADEDON.

Ah! mon Dieu! à peine s'il passe deux mois de l'année auprès de madame.

MIGNARD.

Ça me rassure.

MADELON.

Et comme il y en a dix que nous ne l'avons vu, nous l'attendons d'un moment à l'autre.

MIGNARD.

Vraiment! (*A part.*) O amour, tu m'as volé comme dans un bois.

MADELON.

C'est pour cela qu'il faut vous dépêcher d'étriller la grise... parce qu'après, vous la sellerez... et le jardinier la conduira à un village qui est à un quart de lieue d'ici... où monsieur descendra de la diligence.

MIGNARD, *à part.*

J'ai bien choisi mon temps... si je m'en allais...

MADELON.

Oui, c'est ça... allez à l'écurie.

MIGNART, *à part.*

Non, non... C'est une idée fixe que j'ai là... et puis, j'ai un pressentiment de succès... je suis sûr du succès.. en attendant, avalons le calice amer jusqu'à la lie... (*Haut.*) Passe-moi le foin!..

AIR : *Je connais bien cette jolie figure.*
Jusqu'à présent, et sans beaucoup de peine,
J'ai su mener un'ruse comme il faut,
Mais du mari le r'tour si prompt me gêne ;
Las ! plus d'espoir, s'il arrive trop tôt !
Puis, sur mon front, il se peut bien qu'il lise.
    (*Haut.*)
Regarde-moi, Madelon, au grand jour ;
    Sur ma figure que vois-tu ?

MADELON.

. . . . D'la bêtise,

MIGNARD.

Bien,
Sous c' masque-là, j'ai caché mon amour.
(Il se dispose à prendre les deux bottes, lorsque Jean
    arrive.)

SCÈNE III.

LES MÊMES, JEAN.

JEAN.

Monsieur...

MIGNARD, *à part.*

(*Bas.*) Chut ! (*Haut.*) Ah ! c'est toi, Jean ?.. bon-
jour, mon ami Jean !

MADELON.

Tiens, qu'est-ce que c'est que celui-là ?

MIGNARD.

C'est mon ami Jean.

MADELON.

Un cousin ?.. Eh bien ! il est mieux que vous...
voilà un homme, au moins...

MIGNARD.

Merci... Qu'est-ce qui t'amène, Jean ?

JEAN, *bas.*

Une lettre de monsieur votre père.

MIGNARD , *bas.*

Oui... alors, ça n'est pas pressé. Attends... (*Haut.*)
Tu vois, mon ami, j'ai une place... je suis entré en
fonctions depuis hier au soir.

MADELON.

Oui... mais vous n'avez encore rien fait que de
dormir.

MIGNARD.

Ah ! tu verras... il faut que je m'y mette.

MADELON.

Combien vous faut-il de temps pour ça ?.. Ah !
pour voir seulement... Tenez, voilà un plumeau...
époussetez un peu le cabaret de porcelaine qui est là...

MIGNARD.

Cela, c'est la moindre des choses... ça ne vaut pas
la peine !.. (*Passant le plumeau à Jean.*) Tiens,
Jean, époussette, mon ami, époussette !

JEAN.

Avec plaisir.

MADELON.

Du tout... je ne voulons pas... s'il cassait quelque
chose... il n'a pas de gages, lui... Allons, vous... que
je voie si vous êtes adroit ?

MIGNARD.

Je t'ai déjà dit que c'était trop facile... Tiens, regarde plutôt.   (Il va bien doucement.)

MADELON.

Oh ! oh ! va-t-il doucement... est-il gauche, bon
Dieu !

JEAN , *bas.*

Plus de nerf donc, monsieur, plus de nerf !

MIGNARD.

Tu crois qu'il faut plus de... Eh bien ! en voilà du
nerf !..

(Il va trop fort et renverse deux tasses.)

MADELON , *ramassant les morceaux.*

Là !.. vous venez de vous régaler là pour au moins cent sous.

MIGNARD.

Je suis trop nerveux... voilà ce que ça prouve.
(On entend la sonnette.)

MADELON.

Ah ! voilà madame qui sonne.

MIGNARD.

J'y vole.

MADELON.

Mais, du tout... c'est pour moi... madame va se lever, et c'est pour l'habiller.

MIGNARD.

Je serai plus adroit à ça.

MADELON , *l'arrêtant.*

Ah ! ca, quelle manie que vous avez de vouloir faire la femme de chambre, quand c'est mon affaire ; ca ne regarde que moi !.. Vous feriez mieux d'aller à la grise... Allez lui faire sa toilette... moi, je vais à celle de madame. (*A Jean.*) Monsieur Jean... (*Elle lui fait la révérence*) A la bonne heure ! voilà un beau brin d'homme ; mais celui-ci... je n'en voudrais pas, quand le gouvernement me paierait pour le prendre. Au revoir, monsieur Jean ! A la bonne heure, celui-là ressemble à queuq' chose.
(Elle sort, et entre chez Mme Salgeot.)

SCÈNE IV.
MIGNARD , JEAN.

JEAN.

Eh bien ! monsieur, qu'est-ce que vous dites de l'état de domestique ?

MIGNARD, *montrant le cabaret.*

Oh ! je n'ai encore fait que cela.

JEAN.

Cela promet... Votre cœur, comment se trouve-t-il ici ?

MIGNARD.

Il est comme ces porcelaines... brisé...

JEAN.

Parce que?..

MIGNARD.

Parce que cette belle inconnue, pour qui j'ai échangé le frac de l'élégante propriété contre le galon de la vile servitude, n'est pas, comme je m'y attendais, une demoiselle... ça n'est pas même une veuve.

JEAN.

Qu'est-ce que c'est donc ?

MIGNARD.

C'est un être vulgaire... comme on en rencontre partout... c'est tout bonnement une femme mariée qui a un enfant.

JEAN.

Ah ! elle a un enfant.

MIGNARD.

Hélas ! oui...

JEAN.

Dam, monsieur, vous vous enflammez, sans aller aux informations.

MIGNARD.

Est-ce que le cœur va aux informations?... l'amour vient comme une commotion électrique... on ne sait d'où, ni comment.

JEAN.

Et qu'est-ce qui vous est arrivé.

MIGNARD.

Oui, c'est par amour que moi, Mignard de la Folotte, je me suis loué corps et ame pour 15o francs par an... ce n'est pas cher... c'est encore par amour que

j'ai consenti à être nourri, éclairé, blanchi, couché...
mais, il me faut d'autres gages que ceux-là... il me les
faut... O femme adorée!.. c'est égal, je suis fâché
qu'elle ait un enfant et un mari.

JEAN.

Comment cet amour-là vous a-t-il pris ? je n'ai pas
eu le temps de m'en apercevoir.

MIGNARD.

Tu sais qu'au lieu de rester à Paris pour étudier le
commerce, j'erre dans le département du Gers et autres départemens circonvoisins, cherchant les aven-
tures ; cette vie vagabonde a tant de charmes !.. c'est
dans une de mes promenades solitaires que je me suis
pris d'amour pour mon inconnue : ça m'est venu en
lui voyant sauter des fossés. Elle était à cheval sur la
grise... le zéphir, ce jour-là, avait déployé ses ailes...

JEAN.

J'entends... il faisait du vent...

MIGNARD.

Et beaucoup.

Air : *Daignez m'épargner le reste.*
Elle galopait dans le bois,
Sans l'savoir, je cours après elle,
Au premier fossé... j'aperçois
Une jambe... ah ! qu'elle était belle !
Au second, on me laissa voir...
Une jarr'tière... ah ! je l'atteste,
S'il avait fait un peu moins noir,
L'aut' fossé comblait mon espoir :
La nuit m'a dérobé le reste.

Ce que j'en avais vu fut assez... j'étais saisi... j'étais
sous le charme... l'étincelle électrique m'était venue
frapper au cœur... et à tout prix je résolus de m'in-
troduire chez ma céleste amazone... les prétextes me
manquaient, je ne voulais d'ailleurs employer qu'un

moyen original... on me dit qu'elle cherchait un domestique, je me présentai à Madelon, que je séduisis
tout d'abord et qui m'arrêta... me voilà maintenant
sous le même toit que celle que j'aime, et...

JEAN.

Et vous allez lui dire que vous en perdrez la tête,
que...

MIGNARD.

Du tout... nous autres jeunes gens du siècle, nous
avons inventé un système nouveau pour nous faire aimer des femmes, nous les fascinons d'abord... et je
fascinerai celle-ci comme les autres, avec les yeux,
vois-tu, la langue devient un objet de luxe... avec les
yeux seuls, on parle au cœur de celle qu'on aime... On
lui parle très-clairement... ça épargne les déclarations..
et puis, grâce à ce moyen, on n'est plus obligé de se
renfermer dans un cercle étroit... nous avons ainsi
trouvé la langue universelle... car à présent, un Russe
peut parler d'amour à une Péruvienne... un Anglais à
une Cachemirienne... un Français à une Chinoise... tu
pourrais faire la cour à une Chinoise, si tu voulais.

JEAN.

Je crois bien... moi qui suis de Château-Chinon...
Et la lettre que votre portier vous a envoyée, attendu
qu'il y a dessus très-pressée.

MIGNARD.

C'est bien... je la lirai ce soir, avant de me coucher.

JEAN.

Et puis, j'ai apporté vos habits... parce que s'il vous
prenait envie d'abandonner le service...

MIGNARD.

Du tout... remporte-les... je veux être comme Fer-
nand Cortès, quand il brûla ses vaisseaux... ou comme
Gusman, du *Pied de mouton,* qui ne connaissait pas
d'obstacles.

Air *du Clephte.*

Ami, remporte ma valise,
Mon succès sera plus flatteur,
Si sous cette veste grise
Je sais arriver au bonheur,
Je veux ne devoir ma conquête
Qu'à mes regards... qu'à mes soupirs brûlans;
Le cœur n'a pas besoin d'autre toilette,
Et l'amour n'a pas de gants blancs.
Non...

Ami, remporte ta valise,
Mon succès sera plus flatteur,
Si, sous cette veste grise,
Je sais arriver au bonheur;
Sans habit, j'aurai le bonheur.

SCÈNE V.
Les Mêmes, MADELON.

MADELON.

Comment? vous êtes encore là? et madame qui attend le déjeuner du petit... qui croit la jument déjà sellée et en route pour le village!... mais allez donc, si vous ne vous dépêchez pas plus que ça... madame, qui est très-vive, vous donnera votre compte, je vous en avertis.

MIGNARD.

Tu as raison, Madelon, il ne faut pas la mettre de mauvaise humeur, ça gâterait la première entrevue... Je vais faire cuire la grise et seller la bouillie... non, je me trompe... Suis-moi, Jean, je veux dire, viens m'aider Jean...

MADELON.

Il lui faudra un domestique pour faire sa besogne.

MIGNARD.

Air

Viens avec moi, car, sans plus de retard,

Je veux ici contenter ma maîtresse,
Tiens, déjà, vois avec quelle souplesse
Je porte ça...

MADELON.

March'-t-il comme un canard!

MIGNARD, *bas à Jean.*

Près du cheval, j'aurai besoin de toi,
Car je manque un peu de pratique.
Le meilleur maître, et j'en conviens , ma foi,
Fait un bien mauvais domestique.

Reprise.

Viens avec moi, car, etc.

(Ils sortent.)

SCÈNE VI.

Mme SALGEOT, *avec plusieurs lettres à la main,*
MADELON *regarde sortir Mignard et se moque*
de lui. Tout occupée de le suivre des yeux, elle
n'entend pas Mme Salgeot qui l'appelle.

Mme SALGEOT.

Madelon !.. Madelon !.. Madelon !... ne m'enten-
dez-vous pas ?..

MADELON.

Oh ! pardon... faites excuse, madame.

Mme SALGEOT.

Que faisiez-vous donc là ?

MADELON.

Je regardais aller le nouveau domestique.

Mme SALGEOT.

Ce nouveau domestique te donne bien de la distrac-
tion, mon enfant ?

MADELON.

C'est que, voyez-vous, c'est un vrai phénix dans son
genre.

Mme SALGEOT.

Comme c'est toi qui l'as arrêté, tu ne m'en diras pas de mal, c'est tout naturel.

MADELON.

Je l'ai arrêté, c'est vrai. (*A part.*) Ah! mon Dieu! quand madame va savoir qu'il est si gauche, elle va m'en vouloir.

Mme SALGEOT.

Mais pourquoi as-tu donc l'air embarrassée, quand je te parle de ce garçon?

MADELON.

Moi?

Mme SALGEOT.

Oui, tout-à-l'heure, quand je t'ai dit de me l'envoyer, tu as paru hésiter.

MADELON, *à part.*

J'avais peur qu'il ne fasse quelque sottise. (*Haut.*) Il était à l'écurie, madame. (*A part.*) Ce garçon-là va me faire du tort, c'est sûr.

Mme SALGEOT.

Madelon... Madelon... il y a quelque mystère là-dessous... prenez garde... Quand vous êtes entrée ici, je vous ai dit que je ne souffrirais point d'intrigues chez moi... et si ce... Bourguignon, je crois... est votre amant, je le chasserai.

MADELON.

Lui, mon amant! Ah!..

    AIR : *Dans cette comédie bourgeoise.*
Par exempl' queu drôle d'idée!
Bourguignon ne m'est rien du tout.
C'est affreux d'être soupçonnée
D'aimer quelqu'un qui n'est pas d' vot' goût!
D'être honnêt' fille je me pique,
Et je puis vous jurer...

Mᵐᵉ **SALGEOT.**

. . . . . . C'est bien ;
En amour comme en politique
Les sermens ne prouvent plus rien.
Tu sais d'ailleurs que j'ai les moyens de faire parler, pendant leur sommeil, ceux qui me veulent cacher quelque chose... Tu vas m'envoyer Bourguignon.

MADELON, *à part.*

Hum !.. je rougis de pure honte... Bourguignon, mon amant !.. plus souvent... j'en aimerais mieux dix autres que celui-là !

(Elle sort en courant.)

SCÈNE VII.

Mᵐᵉ **SALGEOT**, *seule.*

Décidément, cette pauvre Madelon est folle de ce M. Bourguignon... enfin, tant que cet amour-là ne fera pas scandale, je pourrai fermer les yeux... je prouverai ainsi qu'on peut être sage, sans être prude... mais je dois avouer que si je n'ai pas une seule faute à me reprocher, c'est que je ne me suis pas laissé le temps de la faire.

AIR : *vaudeville de l'Apothicaire.*

Oui, mesdames, j'ai résisté
Au doux torrent qui vous entraîne.
Du nœud que j'avais contracté
L'amour n'a pu briser la chaîne.
Si son langage séducteur
N'a point amené ma défaite,
C'est que pour défendre mon cœur,
J'ai toujours occupé ma tête.

SCÈNE VIII.

Mᵐᵉ **SALGEOT, MIGNARD**, *une casserole à la main.*

Mᵐᵉ **SALGEOT.**

Qui vient là ?

2

MIGNARD.

C'est moi, madame, avec la...

Mme SALGEOT.

Comment, c'est là mon nouveau domestique?.. Cette pauvre Madelon a un goût bien bizarre... Qu'apportez-vous donc ?

MIGNARD.

Le déjeuner du petit... Si madame voulait voir la mine que cela a ?

Mme SALGEOT, *prenant la casserole.*

Ah ! mon Dieu ! comme c'est noir ! mais c'est tout brûlé!..

MIGNARD.

Je l'ai fait avec intention... les enfans aiment tant le gratin. Moi, je me rappelle qu'à cet âge-là j'en étais fou.

Mme SALGEOT.

Vous pouvez remporter cela.

MIGNARD.

Mon début ne satisfait donc pas madame ?

Mme SALGEOT.

Non, certes, et je vous engage à mieux faire à l'avenir... enfin, à avoir moins de distractions.

MIGNARD.

Ça me sera bien difficile, madame.

Mme SALGEOT, *à part.*

Je m'en doutais... comme Madelon, il n'aura que l'amour en tête.

MIGNARD, *roulant les yeux.*

Ah ! si madame savait... si madame pouvait deviner...

Mme SALGEOT, *à part.*

Madelon a tout-à-fait perdu ce garçon-là... il y a de la folie dans son regard... Oh! certes, je ne le garderai pas.

MIGNARD, *à part.*

Elle ne me quitte pas des yeux.

Mme SALGEOT, *à part.*

Il me fait peur, vraiment.

MIGNARD, *à part.*

Un peu de paroles, à présent, ça ne peut pas nuire... (*Haut.*) Madame, je vous parais tout bizarre, n'est-ce pas?.. dans ma figure vous voyez quelque chose d'étrange... ah! dans mon cœur, c'est bien autre chose.

Mme SALGEOT, *à part.*

Ce pauvre garçon me fait de la peine. (*Haut.*) Ecoutez, Bourguignon, et ne vous affligez pas trop de ce que je vais vous dire... franchement, je ne pense pas que vous puissiez me convenir.

MIGNARD.

Qu'entends-je, ne pas vous convenir, moi?.. Ah! madame!

AIR : *A ma Margot.*

Regardez-moi du bas en haut,
Me trouvez-vous quelque défaut,
Sans trop d'orgueil on sait c'qu'on vaut,
Pour vot'service j'ai tout c'qu'il faut.
J'possèd' un aimabl' caractère,
J'ai plus d'un talent d'agrément,
J'puis au besoin traduire Homère,
Et frotter un appartement.
Regardez-moi du bas en haut, etc.
Je sais conduire une voiture,
Je sais attacher des rubans,
On me renomme pour la coiffure,
Et je suis bon pour les enfans.
Regardez, etc.
Pour la probité...

Mme SALGEOT.

Je vous crois un honnête garçon... mais, en fait de

domestique, j'aime les figures communes... et la vôtre est si extraordinaire...

MIGNARD, *à part.*

J'étais bien sûr que je lui ferais de l'effet.. elle est
émue, forçons !.. forçons !.. Ah ! madame, que m'a-
vez-vous dit?.. moi, quitter cette maison ! oh ! mais,
vous ne savez pas que je tiens à cette maison... que
j'y tiens comme à la vie... qu'est-ce que je dis !..
bien plus qu'à la vie... si l'on m'en repousse, je meurs...
(*Il a l'air de chanceler.*) Ah! ah! ah! les forces me
manquent... vous m'avez tué, madame, vous m'avez
tué... je m'évanouis...

(Il tombe sur une chaise.)

Mme SALGEOT.

Ah! mon Dieu ! mais il se trouve mal... en vérité,
Madelon me met là dans un bel embarras... (*Appe-
lant.*) Madelon !.. Madelon !.. elle ne m'entend pas...
où est-elle ?.. pas de sonnette... Madelon !.. je ne puis
pourtant pas laisser ce garçon sans secours... Ah ! ce
flacon...

MIGNARD, *qui l'a regardé au coin de l'œil.*
Plus souvent que je reviendrai !

Mme SALGEOT.

Bourguignon ! Bourguignon ! tenez, respirez cela !.

MIGNART, *à part.*

Oh ! ça pique !.. ça pique !.. mais c'est égal, je
ne reviendrai pas... je veux qu'elle pleure... qu'elle se
désespère... un peu de nerfs à présent... un peu de
crispations...

(Il se tord sur sa chaise.)

Mme SALGEOT.

Miséricorde, il va tomber en convulsions... Madelon!..
Madelon !...

MIGNART, *à part.*
Quel bonheur que Madelon n'entende pas !

Mme SALGEOT.

Je n'ai plus qu'un moyen... endormons-le pour le calmer.

(Elle le magnétise.)

MIGNARD, *à part*.

Elle est fascinée... et quand je me ferai connaître... tiens... qu'est-ce qu'elle me fait donc?... c'est égal, profitons de l'occasion.

Mme SALGEOT.

Ah! mon Dieu! il veut me mordre.

MIGNARD.

Ah! ah! c'est drôle! tiens! mes yeux se ferment... je n'y vois plus... je me fascine moi-même... ah!..

Mme SALGEOT.

Grâce au ciel!.. le voilà endormi...

SCÈNE IX.

LES MÊMES, MADELON.

MADELON.

Madame!.. madame!.. voilà votre mari!

Mme SALGEOT.

M mari?

MADELON.

Oui, madame... le jardinier vient de l'apercevoir sur la route de Paris.

Mme SALGEOT.

Je cours au devant de lui.

MADELON.

Tiens!.. Bourguignon !

Mme SALGEOT.

N'avez-vous pas de honte d'avoir mis ce pauvre garçon dans cet état? Mais épousez-le donc, puisqu'il vous aime tant.

MADELON.

Moi!.. Ah! bien, oui!..

Mme SALGEOT.

Vous avez un bien mauvais cœur... vous épouserez Bourguignon... ou je vous chasse tous les deux.

(*Elle sort.*)

SCÈNE X.

MADELON, MIGNARD, *endormi.*

MADELON.

En voilà bien d'un autre !.. vouloir que j'épouse ce grand hibou-là !.. et ça, sous prétexte qu'il est à moitié mort... tiens ! raison de plus que je n'en veux pas... Comment, il m'aime !.. fallait donc qu'il me le dise !.. Madame, qui prétend qu'il est malade... il dort... voilà tout. (*Le regardant.*) Je crois qu'il est encore plus laid comme ça, que quand il est éveillé... voilà qu'il bâille !.. a-t-il une bouche ! Au fait, j'ai envie de savoir si c'est vrai qu'il est épris de moi... madame dit qu'on ne ment jamais quand on dort... Voyons un peu... ça m'amusera. (*Elle l'appelle.*) Bourguignon !..

MIGNARD, *endormi.*

Femme charmante !

MADELON.

Tiens, il me reconnaît ! Bourguignon, est-il vrai que vous m'aimiez, hein ?..

MIGNARD.

Oui, ma déesse... je suis l'amour... l'amour sous les traits de Bourguignon.

MADELON.

Il dit qu'il est l'amour... c'est trop fort ! eh bien ! il est gentil, l'amour ! Ah ! voilà quelqu'un... quel dommage !

SCÈNE XI.

LES MÊMES, SALGEOT.

MADELON.

Tiens, c'est vous monsieur? et madame qui est allée au devant de vous.

SALGEOT, *secouant la poussière dont son habit est couvert.*

J'ai pris par le chemin de traverse du petit bois.

MADELON.

Ah! mon Dieu! comme vous êtes fait!

SALGEOT.

Voilà pourquoi j'étais pressé d'arriver... Dis-moi, quel est l'imbécille qui s'était chargé de seller le cheval qu'on m'a envoyé?

MADELON.

C'est le nouveau domestique.

SALGEOT.

Où est-il? que je lui apprenne à sangler une selle!

MADELON, *qui était devant Mignard.*

Le voilà!

SALGEOT.

Qu'est-ce qu'il fait donc là? il dort... Dieu me pardonne!

MIGNARD, *rêvant.*

Oui, je suis le plus heureux des hommes.

SALGEOT, *lui donnant une croquignolle.*

Allons, faquin, réveille-toi!

MIGNARD, *passant la main sur son nez, comme pour chasser une mouche.*

Diable de mouche!

SALGEOT *lui donne un soufflet*

Te réveilleras-tu, paresseux?

MIGNARD, *se réveillant.*

Oh! qui est-ce qui m'a jeté quelque chose?

SALGEOT.

Debout, monsieur le drôle !

MIGNARD, *se levant.*

Drôle !.. voilà qui est plaisant, par exemple !

MADELON.

C'est monsieur.

MIGNARD.

Je vois bien que c'est lui... Qui êtes-vous, monsieur, pour vous permettre ?..

SALGEOT.

Ah ! je crois qu'il raisonne encore !

MADELON.

C'est monsieur...

MIGNARD.

Monsieur qui ? monsieur qu'est-ce ?

MADELON.

Monsieur Salgeot.

MIGNARD, *à part.*

Le mari !.. c'est différent. (*Haut.*) Monsieur... enchanté... de faire votre connaissance.

SALGEOT, *à part*

C'est un idiot, ce garçon-là. (*Haut.*) Je ne suis pas du tout enchanté d'avoir fait la vôtre. (*Lui tournant le dos.*) Tenez, regardez... que dites-vous de cela ?

MIGNARD.

Je dis que vous n'êtes guère propre.

SALGEOT.

Vous trouvez ?.. c'est pourtant grâce à vous que...

MIGNARD.

Ah !..

SALGEOT.

Une autre fois, qu'il vous arrive d'oublier de mettre la sangle d'une selle, et je vous apprendrai, moi, votre métier.

MIGNARD.

Comment, j'avais oublié... de façon qu'elle a tourné...

SALGEOT.

Eh ! certainement...

MIGNARD.

Et vous avec... ah ! c'est unique.

SALGEOT.

Ah ! tu te permets de rire, je crois... (*Défaisant son habit, et le jetant à Mignard.*) Brossez ça, et promptement.

MIGNARD, *à part.*

Plus souvent que je serai ton domestique, butor !

SALGEOT.

Hein ?..

MIGNARD.

Je dis que je vas le battre d'abord .. (*à part*) et je le battrai d'une fière force, je t'en réponds.

SALGEOT, *donnant sa valise.*

Madelon, porte cela dans ma chambre.

(Madelon sort, et Mme Salgeot entre.)

SCÈNE XII.

MIGNARD, M. ET Mme SALGEOT.

Mme SALGEOT.

Comment, mon ami, vous étiez ici... et je n'en savais rien ?

SALGEOT.

Chère Amélie ! que je t'embrasse d'abord.

Mme SALGEOT.

Bien volontiers, mon ami.

MIGNARD, *donnant un grand coup de badine à l'habit.*

Et dire qu'il faut voir cela de sang-froid ! (*Regardant Salgeot.*) Ah ! si tu pouvais être dans ta redingote !

(Il frappe l'habit de toutes ses forces.)

SALGEOT.

Veux-tu bien frapper plus doucement? Dis-moi donc, ma bonne amie, où as-tu recruté cet animal?

MIGNARD, *à part.*

Ah ! le sang me monte à la tête... je dois être blanc comme un linge.

Mme SALGEOT.

C'est Madelon qui...

SALGEOT.

Un joli cadeau qu'elle t'a fait là? Ah! ça, ma bonne amie, j'ai quelque chose d'agréable à t'annoncer...

Mme SALGEOT.

Vraiment !

SALGEOT.

Tu sauras que j'ai trouvé un excellent parti pour notre nièce Victorine.

Mme SALGEOT.

Pauvre enfant! elle n'a pas de fortune.

SALGEOT.

Eh bien! je lui fais épouser quarante mille livres de rentes... C'est un ami d'enfance que j'ai rencontré, il y a huit jours... je ne l'avais pas vu depuis vingt ans.

MIGNARD, *à part.*

Le voilà qui cause de ses affaires... comme c'est amusant... époux stupide, va !..

(Il frappe toujours.)

SALGEOT.

Sur le bien que je lui ai dit de ma nièce et pupille, il m'a proposé son fils pour elle.

Mme SALGEOT.

Comment est-il?

SALGEOT.

Je ne l'ai pas vu... il est à Paris... mais son père

va lui écrire... En attendant, je te présenterai cet ancien ami, aujourd'hui même il viendra ici.

Mme SALGEOT.

Tu ne pouvais m'apprendre une nouvelle qui me fît plus plaisir que celle-là... cette chère enfant ! j'irai demain la chercher à sa pension.

(Mignard qui frappait toujours sur la même manche à tour de bras, donne un dernier coup qui sépare enfin la manche de la redingote, et Mignard lui-même, manquant d'équilibre, vient heurter Salgeot.)

SALGEOT.

Oh !..

MIGNARD, *la manche de l'habit à la main.*

Je vous demande bien pardon, monsieur, elle était un peu mûre, votre redingote ?

SALGEOT.

Ah ça ! il descend de la famille des Jocrisses !.. il ne peut rien faire sans casser ou déchirer.

MIGNARD.

Avec une petite reprise, ça ne se verra pas.

SALGEOT.

Comment, drôle !

Mme SALGEOT.

Calme-toi, mon ami, je m'en vas lui parler.

SALGEOT.

Qu'on lui donne son compte sur-le-champ. (*Regardant son habit.*) Avec une petite reprise, ça ne se verra pas !.. Ah ! tu m'entends, ma bonne amie, donne-lui son compte, et viens me retrouver chez toi... vraiment, il me ferait mourir d'apoplexie.

AIR : *Allons, monsieur, sans plus attendre.*
Son aspect m'irrite, m'enflamme,
Vit-on jamais semblable garnement ;
Sans hésiter, songez, madame,

Qu'il faut l'éloigner promptement,
Ou je crains tout de mon emportement.

Mᵐᵉ SALGEOT.

Point de courroux, c'est moi qui t'en conjure,
Pour te complaire il va quitter ces lieux.

MIGNARD, *regardant Mᵐᵉ Salgeot.*

De tout ceci je tire bon augure.
Car mon bonheur semble écrit dans ses yeux.

(Mᵐᵉ Salgeot sort.)

SCÈNE XIII.

Mᵐᵉ SALGEOT, MIGNARD.

Mᵐᵉ SALGEOT.

Il a raison, nous ne pouvons pas garder ce garçon-
là.

MIGNARD, *à part.*

Il me laisse en tête à tête avec elle... c'est ce que
je voulais... il faut enfin qu'elle sache qui je suis.

Mᵐᵉ SALGEOT.

Bourguignon, vous avez dû vous apercevoir que
vous ne plaisiez pas à mon mari.

MIGNARD.

Oui, et je l'ai vu avec plaisir, car, lui aussi, ne
me revient pas du tout.

Mᵐᵉ SALGEOT, *riant.*

Vraiment? eh bien! cela se trouve à merveille...
vous êtes libre aujourd'hui même de chercher une autre condition.

MIGNARD.

Oh! non, non, le service de monsieur ne me va pas
du tout, c'est vrai... mais celui de madame... ah! celui de madame, c'est bien différent!.. et je n'en veux
pas d'autre.

Mᵐᵉ SALGEOT.

Vous ne prétendez pas pourtant rester ici malgré
moi.

MIGNARD, *redoublant ses œillades.*

Oh! si..., oh! si..., oh! si...

Mme **SALGEOT,** *à part.*

Voilà qu'il recommence ses grimaces. (*Haut.*) D'abord, je dois vous prévenir, Bourguignon, que vous avez quelque chose qui me fait mal.

MIGNARD, *à part.*

C'est ma fascination.

Mme **SALGEOT.**

Et maintenant que je vous ai fait connaître mes intentions et celles de mon mari, vous aurez la complaisance de partir le plus tôt possible.

MIGNARD.

C'est-à-dire que vous croyez pouvoir me chasser absolument comme un valet vulgaire.

Mme SALGEOT.

Mais, il me semble...

MIGNARD.

Eh bien! non... ce n'est pas ça... il est temps de tout vous dire, madame... Je ne suis pas venu ici pour cent cinquante misérables francs... j'y suis venu...

M^{mé} SALGEOT.

Par amour... je le sais.

MIGNARD.

Vous vous en êtes donc aperçue?

Mme SALGEOT.

Oui, je l'ai deviné, ce matin.

MIGNARD, *à part.*

Voyez comme le langage des yeux est expressif! (*Haut.*) Eh bien! maintenant que vous savez tout... persisterez-vous encore à me faire sortir?

Mme SALGEOT.

Raison de plus.

MIGNARD.

Ah! oui... je conçois... à cause du monde; c'est bien juste... N'importe! je partirai si vous l'exigez... mais auparavant, dites-moi un mot... un seul mot... puis-je espérer du moins être payé de retour?

Mme SALGEOT, *à part.*

Allons, M. Bourguignon me prend pour la confidente de ses amours avec Madelon; je veux m'en débarrasser à tout prix. (*Haut.*) S'il ne faut que cela pour vous rendre satisfait... et vous faire partir... oui, monsieur, vous êtes aimé... adoré... Mais, allez-vous-en!

MIGNARD.

Adoré! je suis adoré!.. Eh bien! alors, accordez-moi les huit jours de rigueur, je veux **mes** huit jours... vous me les devez.

Mme SALGEOT.

Y pensez-vous?.. et le scandale?..

MIGNARD.

Nous nous cacherons.

Mme SALGEOT.

Et mon mari?

MIGNARD.

S'il ne sait rien.

Mme SALGEOT.

Il saura tout, ce soir, si vous êtes encore ici.

MIGNARD, *à part.*

Quelle vertu!.. (*Haut.*) Vous me permettez bien, au moins, de venir quelquefois.

Mme SALGEOT.

Eh bien! oui... une fois par semaine.

MIGNARD.

Rien qu'une fois?

Mme SALGEOT.

Le dimanche soir... quand tout le monde sera

sorti... vous viendrez... vous dînerez même, si vous le voulez, mais une heure, pas plus.

MIGNARD.

Rien qu'une heure?.. mais c'est égal... en l'employant bien...

Mme SALGAOT.

Voilà qui est bien convenu... vous allez faire votre paquet. Adieu, Bourguignon!.. (*En sortant.*) Je n'aurais jamais cru que Madelon pût inspirer une passion si violente.

(Elle sort.)

SCÈNE XIV.

MIGNARD, *seul.*

Elle me chérit... elle m'adore... elle est à moi!.. elle combat encore; mais elle cèdera, j'en suis sûr... et tous les dimanches je pourrai... O amour! je te dois mille et un remerciemens!

AIR :

Ah! que l'amour est agréable!..
C'est c' que j' vois d' mieux sans contredit.
Tous les dimanch's m'a-t-elle dit,
Nous pourrons en jaser à table;
Et par le dimanche enhardi,
Je compte bien fair' le lundi.

Oh! c'est trop de bonheur!.. je suffoque... je crois que je vais en avoir une véritable attaque de nerfs!.. il faut que je prenne l'air.

SCÈNE XV.

MIGNARD, MADELON.

MADELON, *une paire de bottes à la main.*

Bourguignon, voilà les bottes de monsieur, qu'il faut cirer.

MIGNARD.

Moi! que je lui cire ses bottes!.. je suis bien son serviteur.

MADELON.

C'est justement pour cela, voilà...

(Elle les lui donne.)

MIGNARD.

Oui... qu'il compte là-dessus!... au diable, monsieur et ses bottes ! (*Faisant sauter les bottes.*) Ohé! ohé!.. je ne donnerais pas ma journée pour trois cents mille francs !

(Il sort en courant, après avoir jeté les bottes à droite et à gauche.)

MADELON, *seule.*

Il n'est pas Dieu possible, ce garçon-là, il a perdu la tête... mais ne faut pas que ça me fasse oublier ma commission... (*Criant à la porte de Mme Salgeot.*) Madame !.. Monsieur !.. Monsieur !. Madame!..

SCÈNE XVI.

M. *et* Mme SALGEOT, MADELON.

SALGEOT.

Eh bien! qu'y a-t-il ? est-ce que cet imbécille aurait mis le feu à la maison !

MADELON.

Oh! non... c'est mieux que ça.

Mme SALGEOT.

Comment c'est mieux que ça?

MADELON.

Oui... car c'est une visite qui vous arrive... un vieux bonhomme poudré... avec sa carriole... il dit que monsieur l'attend.

SALGEOT.

Son nom !

MADELON.

Il dit qu'il s'appelle... Mignard de la Follette.

SALGEOT.

De la Follotte !

MADELON.

Juste : de la Follotte.

SALGEOT, *à sa femme.*

C'est cet ami dont je te parlais.

Mme SALGEOT.

Le père du jeune homme aux 40,000 fr. de rentes?

SALGEOT.

Précisement.

Mme SALGEOT.

Madelon, faites entrer sur-le-champ.

MADELON.

Oui, madame... ah ! tenez, le voilà... il s'impatien-
tait sans doute, d'attendre... entrez, monsieur, c'est
par ici.

SCÈNE XVII.

LES MÊMES, MIGNARD *père.*

SALGEOT.

Arrivez donc, mon cher ami, ma femme était im-
patiente de vous voir... Ma bonne amie, je te pré-
sente M. Mignard de la Follotte, riche propriétaire de
vignobles, et père d'un fils...

MIGNARD PÈRE.

Qui jouit déjà de 40,000 livres de rentes.

Mme SALGEOT.

Mon mari m'a fait part de vos projets, monsieur,
ils ne pouvaient que me flatter infiniment.

MIGNARD PÈRE.

Vous êtes trop bonne... comme vous voyez, je suis
un homme tout rond... Salgeot m'a dit tant de bien
de votre nièce que cela m'a donné l'envie de l'avoir
pour bru... et puisque nous sommes tous d'accord,
c'est une affaire finie.

SALGEOT.

Ah ! comme tu y vas... il faut d'abord que les jeunes gens se conviennent.

MIGNARD PÈRE.

Ils se conviendront; mais avant de causer plus longuement; dites-moi, y a-t-il moyen de se rafraîchir ici... Il fait chaud... vous voyez que j'agis sans façon.

Mme SALGEOT.

Je vous demande pardon de m'être laissée prévenir...Madelon, dites à Bourguignon d'apporter du vin.

SALGEOT.

Et du meilleur, car nous avons ici un connaisseur... un propriétaire de vignobles.

(Madelon sort.)

Mme SALGEOT.

Pardon, si je vous parle encore de M. votre fils, mais, vous permettrez à une tante qui remplace une mère de vous demander quelques renseignemens sur lui.

MIGNARD PÈRE.

Comment! c'est trop naturel... ça ne sera pas long. Je vous dirai franchement que mon fils... ce n'est pas parce que j'en suis l'auteur... mais, mon fils est ce qu'on peut appeler un garçon charmant.

Mme SALGEOT.

Ah ! il est joli garçon !

MIGNARD PÈRE.

Non... non... au contraire, il est plutôt mal... Mais...

Mme SALGEOT.

Il est aimable.

MIGNARD PÈRE.

Non... non... il n'est pas excessivement aimable.

Mme SALGEOT.

Spirituel ?

MIGNARD PÈRE.

Du tout... ce n'est pas un aigle... ce n'est pas tout-à-fait un imbécille, non plus...

SALGEOT.

Ah ! ça, qu'est-ce qu'il est alors ?

MIGNARD PÈRE.

Il est possesseur de quarante mille livres de rentes,
du bien de sa mère... et je lui en laisserai le double...
il me semble qu'avec cela...

Mme SALGEOT.

On fait un charmant parti, comme vous disiez...
Ah ! ça, que fait donc Bourguignon ?

SALGEOT.

Ah ! le voilà ! c'est heureux : dépêche-toi donc !

SCÈNE XVIII.

LES MÊMES, MIGNARD FILS, *portant un verre
plein sur une assiette.*

MIGNARD FILS.

Voilà !.. voilà !.. (*Approchant de son père qui
lui tourne le dos.*) Oh ! papa !
(En disant cela, il laisse tomber les verres et l'assiette, au moment où le père se retourne ; puis il
se sauve.)

MIGNARD PÈRE.

Hein ? qu'est-ce qu'il y a ?

SALGEOT.

Ah ! c'est trop fort... il faut que je l'assomme !..
(*Il court après Mignard fils, et l'amène par l'o-
reille.*) Approche ici, malheureux, et dis-nous un
peu...

MIGNARD PÈRE.

Mon fils en domestique !..

MIGNARD FILS.

Oui, papa, c'est moi...

SALGEOT ET SA FEMME.

Votre fils !

SALGEOT.

Voilà qui complique singulièrement les affaires...

Jeune homme, dans votre position, je ne connais qu'un motif qui ait pu vous décider à entrer ici sous ce déguisement... et ce motif... c'est l'amour.

MIGNARD FILS.

Ma foi, je ne vous dirai pas le contraire.

SALGEOT.

Mais savez-vous, jeune imprudent... que si c'est l'amour... je ne vois qu'une personne qui ait pu vous l'inspirer.

MIGNARD FILS.

Jusqu'à présent, nous nous entendons à merveille.

SALGEOT.

Oui... mais cette personne, c'est ma femme...

Mme SALGEOT.

Moi! (*Riant aux éclats.*) Ah! ah! ah! ah! tu n'y es pas du tout, mon ami; je sais, depuis ce matin, le secret de monsieur et de sa complice.

MIGNARD FILS, *à part*.

Comment va-t-elle nous tirer de là?

SALGEOT.

Je ne vois pourtant que vous seule.

Mme SALGEOT.

Et Madelon, monsieur, pour qui la comptez-vous?

SALGEOT.

Madelon!

MIGNARD FILS, *à part*

O femme! que tu es naturellement astucieuse!

MIGNARD PÈRE.

Qu'est-ce que c'est que ça, Madelon? la fille d'un banquier?

Mme SALGEOT.

Non, c'est une paysanne à mon service.

MIGNARD PÈRE.

Comment, scélérat, avec 40,000 livres de rentes, tu te permets d'aimer les paysannes?

MIGNARD FILS.

Que voulez-vous, papa?.. j'ai des goûts champê-
tres... je raffole de pain bis et des paysannes!.. (*A
part.*) Comme je lui donne sa réplique!

MIGNARD PÈRE.

Ah ça! tu es donc fou, malheureux?

MIGNARD FILS, *bas à Mme Salgeot.*

Vous devez être contente, hein?

Mme SALGEOT.

Moi?

MIGNARD PÈRE.

Je vois où tu veux en venir... tu ferais la folie de
l'épouser... mais je suis là... je te le défends... je m'y
oppose... il faut y renoncer sur l'heure.

MIGNARD FILS.

Comment, papa, vous exigez (*A part.*) Pauvre
cher homme, comme il a donné dedans!

Mme SALGEOT.

Mais cette fille voudra-t-elle y renoncer, elle? D'a-
près tout ce qu'elle m'a dit, elle doit y tenir.

MIGNARD FILS.

Au fait, elle tient peut-être beaucoup à moi.

SALGEOT.

Il faudrait éviter le scandale avant tout.

MIGNARD PÈRE.

Vous avez raison, et s'il le faut, pour la décider,
eh bien! je ferai des sacrifices... je la doterai... il
faut terminer cela tout de suite : faites-la venir.

MIGNARD FILS.

Je vais la chercher.

MIGNARD PÈRE.

Du tout, restez là, Mignard. Il est ensorcelé, je
crois!

SALGEOT.

Je vais l'appeler... Madelon!.. Madélon!..

SCÈNE XIX.

LES MÊMES, MADELON.

MIGNARD PÈRE.

Et nous, prenons des siéges... ça donne un air posé.

(Tout le monde s'assied.)

MADELON.

Quoi qu'il faut ?

SALGEOT.

Répondez à monsieur !

MADELON.

A Bourguignon ?

Mᵐᵉ SALGEOT,

Non... à son père.

MADELON.

Tiens, monsieur est le père de Bourguignon ?

MIGNARD PÈRE.

Jeune fille, il n'y a plus ici de Bourguignon ?

MADELON.

Je vous demande pardon, je le voyons bien.

MIGNARD PÈRE.

Elle n'a des yeux que pour lui... Nous voulons vous dire que Bourguignon est un nom d'emprunt pour pénétrer jusqu'ici.

MADELON.

Voyez-vous, le sournois !

MIGNARD PÈRE.

Ne lui faites pas de reproches.

MADELON.

Moi, j'y en fais pas... mais c'est égal, je n'aurais jamais cru ça de lui.

MIGNARD FILS, *à part.*

Ils vont faire des coqs à l'âne, c'est sûr... ça va m'amuser.

MIGNARD PÈRE.

Jeunesse, mon fils ne vous convient pas.

MADELON, *poliment.*

Ah! je ne dis pas ça.

MIGNARD PÈRE.

Il ne peut pas vous convenir... et il y faut renoncer.

MADELON.

Comment, y renoncer?

MIGNARD PÈRE,

Sur l'heure... c'est un père qui vous en prie.

SALGEOT.

Un riche propriétaire qui saura reconnaître...

MADELON.

Ah! laissez-moi donc tranquille! je vois ce que c'est... vous voulez vous moquer de moi... mais vous n'y réussirez pas, je vous en préviens; quoique paysanne, j'ai de la tête... Ah!..

MIGNARD FILS, *à part.*

Bon! voilà que ça s'échauffe!

Mme SALGEOT.

Je vous l'ai dit... elle en est folle...

MIGNARD PÈRE.

Jeunesse, si vous faites ce que je vous demande, je vous donne une dot.

MADELON.

Une dot?

MIGNARD PÈRE.

De mille francs.

MADELON, *riant.*

Mille francs! allons donc!

SALGEOT, *bas.*

Poussez!

MIGNARD PÈRE,

Deux mille...

MADELON,

Eh bien! voilà une drôle de plaisanterie, par exemple!

SALGEOT.

Poussez toujours !

MIGNARD PÈRE.

Mille écus... Voyons ! en voulez-vous ?

MADELON.

Tiens, si j'en veux !

MIGNARD PÈRE.

Enfin, elle est gagnée !.. et vous renoncerez...

MADELON.

A quoi ?

MIGNARD PÈRE.

A lui.

MADELON.

Avec plaisir... Ah ça ! mais c'est donc tout de bon ?

Mme SALGEOT.

Vous vous marierez sur-le-champ à un autre ?

MADELON.

Comment ! tout de suite ; mais avec qui ?

SCÈNE XX.

LES MÊMES, JEAN.

JEAN, *à Mignard fils.*

Monsieur, je vous cherche de tous les côtés, pour vous dire que monsieur votre père est arrivé...

MIGNARD FILS.

Merci, Jean.

MADELON.

Eh ! tenez, voilà mon affaire, il me revient, lui.

MIGNARD PÈRE.

Jean, tu vas épouser cette fille.

JEAN.

Moi ! pourquoi faire ?

MADELON.

Pour avoir mille écus de dot.

JEAN.

Trois mille francs !

MIGNARD PÈRE.

Et je t'en donne autant pour te décider.

JEAN, *prenant la main de Madelon.*

Ça fait six mille francs... je me donne corps et ame.

MIGNARD PÈRE.

Ah ! ils m'ont donné du mal, mais j'en suis venu à mon honneur... j'espère, Mignard, que vous ne penserez plus à cette fille.

MIGNARD FILS.

Je ferai mon possible.

JEAN.

Qu'est-ce que tout ça veut dire ?

MADELON.

J'en sais rien... épousons-nous toujours... ça fait six mille francs de gagnés.

JEAN.

Au fait, elle n'est pas mal, la grosse fille ?

MIGNARD FILS.

Vous ne m'en voulez plus, papa ?

MIGNARD PÈRE.

Je te pardonne tout si tu consens à épouser la nièce de mon ami.

MIGNARD FILS.

Vous voulez me marier aussi... ah ! mon papa, je vous ai fait assez de sacrifices.

SALGEOT.

Votre future est tout le portrait de ma femme.

MIGNARD FILS.

Votre portrait ! (*il fait rouler ses yeux*) s'il était bien ressemblant... (*A part.*) Ma foi, elle a un mari, un enfant... le mari surtout, ça désillusionne. (*Haut.*) Papa, je consens.

Mme SALGEOT.

Eh bien ! demain nous partirons pour la pension

de Victorine, je vous présenterai ; mais, auparavant, je crois devoir vous prévenir d'une chose.

MIGNARD FILS.

Qu'est-ce que c'est ?

Mlle SALGEOT.

Ne lui faites pas vos gros yeux.

MIGNARD FILS, *à part.*

Mes gros yeux ? ah ! elle veut dire ma fascination.

Mme SALGEOT.

Ça pourrait l'effrayer dans les commencemens.

MIGNARD FILS, *à part.*

Je comprends... elle est jalouse... eh bien ! je fascinerai la nièce pour faire enrager la tante. (*Haut.*) J'accepte mademoiselle Victorine pour épouse, êtes-vous content, papa ?

MIGNARD PÈRE.

Très-content.

JEAN.

Et la dot ?

MIGNARD PÈRE.

Tu l'auras. (*A part.*) C'est drôle, il n'a rien fait dans tout ça, et il n'y a que lui qui y gagne.

CHŒUR.

AIR :

Enfin nous voilà tous d'accord,
   Mais ce soir à la ronde.
Puissions-nous répéter encor,
    Tout le monde
     Est d'accord.

MIGNARD FILS, *au public.*

AIR : *Pour le chercher je vais en Allemagne.*

De mes yeux connaissant l'empire,
Qui m'a rendu l'égal du basilic,
L'auteur m'a dit : Tu naquis pour séduire,
Parle pour moi : bien ! mais voilà le hic

Fascinerai-je le public ?
J'y parviendrais grâce à l'appui des femmes,
  Par qui l'on se laisse entraîner...
D'où je conclus que c'est vous, ô mesdames,
  Qu'il s'agirait de fasciner :
  Oui, tout irait fort bien, mesdames,
  Si je pouvais vous fasciner.

LA TOILE TOMBE.